AF295677

DISCOURS

DE

M. JONNART

Gouverneur Général de l'Algérie

AU

BANQUET DU CONSEIL GÉNÉRAL

DE CONSTANTINE

(6 MARS 1908)

ALGER

IMPRIMERIE ADMINISTRATIVE VICTOR HEINTZ

Rue d'Isly, 37 et Place Bugeaud

—

1908

DISCOURS

DE

M. JONNART

Gouverneur Général de l'Algérie

AU

BANQUET DU CONSEIL GÉNÉRAL

DE CONSTANTINE

(6 MARS 1908)

ALGER

IMPRIMERIE ADMINISTRATIVE VICTOR HEINTZ

Rue d'Isly, 57 et Place Bugeaud

—

1908

DISCOURS

DE

M. JONNART

Gouverneur Général de l'Algérie

AU

BANQUET DU CONSEIL GÉNÉRAL

DE CONSTANTINE

(6 Mars 1908)

———

Messieurs,

Les sentiments de reconnaissance dont mon cœur est pénétré pour la manifestation grandiose à laquelle je viens d'assister, pour cette manifestation si cordiale et si touchante dans son unanimité, je les ai exprimés déjà à M. le Maire de Constantine avec une émotion et une joie que son amitié a bien comprises. Je suis heureux de les exprimer aussi aux représentants du département tout entier, car tout le département concourt à l'éclat de ces belles fêtes, et leur donne une signification particulière.

Je vous remercie du fond du cœur, mon cher Président, et je remercie le Conseil général de l'accueil que tous vous voulez bien me faire. La carrière politique, Messieurs, nous réserve des heures souvent pénibles, douloureuses même, mais aussi parfois des heures très douces, pleines de réconfort. Je vis une de ces heures-là, je vous le dois, je ne l'oublierai jamais. (*Applaudissements.*)

Il m'est particulièrement agréable de recevoir, à mon arrivée à Constantine, l'hospitalité de l'assemblée départementale qui représente ce beau département avec tant d'activité et de dévouement et dont j'enregistre les démandes et les vœux avec la ferme volonté de les soumettre à l'étude la plus attentive et la plus sympathique. Je vous trouve quelquefois un peu gourmands, mais je reconnais que les régions dont vous êtes les défenseurs autorisés ont tant de besoins et, par leur labeur obstiné et fécond, tant de droits à la sollicitude du gouvernement, que je n'ose m'en plaindre. Comment ne serais-je pas avec vous, comme vous, passionnément dévoué aux intérêts de notre plus grand département à qui l'avenir promet ses plus riches moissons ? J'entrevois et je salue avec joie l'avenir brillant qui lui est réservé grâce au magnifique essor de son agriculture, et à la mise en valeur de ses richesses minières ! Je veux partager avec vous l'honneur de contribuer à l'épanouissement de la fortune publique, en améliorant l'outillage indispensable au développement des richesses de votre sol, en essayant de vous donner un peu plus d'eau, de nouvelles routes, de nouvelles voies ferrées, des ports mieux aménagés.

Notre programme doit faire circuler la vie, distribuer la prospérité à travers des régions trop déshéritées jusqu'ici, et si dans la répartition des travaux à exécuter, nous n'avons pu faire face à tous les be-

soins, donner une place à toutes les demandes justi-
fiées, je suis prêt à mettre à l'étude un programme
complémentaire avec la ferme espérance que grâce
à la belle tenue et à l'élasticité de notre budget, nous
pourrons le réaliser un peu plus tard et combler
ainsi, suivant l'équité, les lacunes du programme ré-
cemment arrêté.

Le hasard des combinaisons parlementaires m'a
valu un jour, Messieurs, l'honneur de détenir dans
le cabinet Casimir Périer le portefeuille des travaux
publics. Mon ambition, en acceptant les fonctions de
gouverneur général, a été de redevenir ministre des
travaux publics. Voilà plus d'un quart de siècle que,
soit comme administrateur, soit comme parlementaire, je suis avec un intérêt passionné les transfor-
mations, les tristesses et les succès de la coloniation
algérienne. J'ai vu en 1884 la Chambre refuser à
M. Tirman un emprunt de 50 millions pour l'exécution des travaux de colonisation les plus urgents; j'ai
constaté que depuis 1892, il n'a pas été construit en
Algérie un seul kilomètre de chemin de fer d'intérêt général, ce qui est à peine croyable; j'ai calculé
que jusqu'à l'institution du budget spécial et pendant une période de quinze ans, les crédits pour travaux neufs, sont restés à peu près les mêmes, tandis
que de nouveaux impôts venaient frapper la colonie,
et alors, Messieurs, j'ai pensé, en prenant la direction
de vos affaires, que nous devions nous hâter de re-
gagner le temps perdu, acquitter l'arriéré, réveiller
les énergies et les initiatives, et par un vigoureux
effort, doter le pays de l'outillage nécessaire, appro-
prié aux nécessités de sa vie économique, en rapport
avec ses espérances et ses ambitions les plus légiti-
mes. Bref, à une politique d'attente et de sommeil,

il était temps de substituer une politique d'action et de réforme. (*Applaudissements.*)

LE BUDGET SPÉCIAL

C'était pour moi le premier devoir, un devoir impérieux. Pour accomplir mon dessein, j'avais besoin de ce levier qu'on a appelé le budget spécial. Je l'avais plusieurs fois réclamé au Parlement, estimant qu'une sage décentralisation financière devait accompagner et vivifier la décentralisation administrative. A ma demande, mon éminent ami tant regretté, Waldeck-Rousseau, voulut bien en presser le vote devant les Chambres.

Le budget spécial assurait à l'Algérie l'intégralité de ses recettes, l'entière disposition de ses excédents auparavant absorbés par le budget métropolitain ; il devait la soustraire aux caprices de la politique au jour le jour qui est la pire des politiques. Jusque-là l'Algérie, quelque fût d'ailleurs le développement de ses recettes, était à la merci des fluctuations de la politique métropolitaine et son sort dépendait de la bienveillance intermittente des commissions du budget et de l'autorité plus ou moins reconnue que possédait le rapporteur de son budget dans les sphères parlementaires. Chaque année, les crédits de ses principaux services étaient remis en discussion, et le ministère des finances se serait volontiers accommodé de certaines prétentions qui tendaient à donner moins à la colonie et à lui demander plus.

N'eût-il d'autre mérite que d'accorder à l'Algérie cette garantie si précieuse, la sécurité du lendemain, que nous devrions nous féliciter hautement d'avoir obtenu un budget autonome. Aussi bien c'est depuis son institution seulement que l'administration peut manifester des vues d'ensemble et d'avenir.

Notre regard ne s'étendait pas auparavant au delà des frontières d'un exercice. Nos moyens d'action se réduisaient à des crédits annuels toujours incertains, toujours disputés. Voilà enfin notre horizon élargi, et nous pouvons aujourd'hui, après avoir mesuré l'étendue de nos besoins, établi l'inventaire de nos ressources actuelles et futures, préparer une œuvre de longue haleine et essayer, après tant d'incertitudes et de tâtonnements, de fixer les destinées du peuple algérien, sûr du lendemain, désormais émancipé et responsable. (*Très bien.*)

Au risque de chagriner quelques personnes qui s'étaient fait une douce habitude du piétinement sur place et de la somnolence des années passées, je n'hésitais pas à déclarer que le budget spécial ne serait pas pour nous une tente dressée pour le sommeil, qu'il allait inaugurer une ère de laborieuses réformes.

Notre attente n'a pas été trompée. Le budget spécial a été l'instrument d'indéniables progrès. J'assiste depuis ma jeunesse aux vicissitudes de la vie algérienne, et je puis dire que depuis 1901, en six ans, on a fait plus de chemin que dans les 20 années qui ont précédé ; qu'il s'agisse de colonisation, d'enseignement public, des œuvres de prévoyance, d'assistance et d'hygiène, de la conservation, de la défense et de l'exploitation de nos forêts, de l'organisation politique et économique de nos territoires du sud, des affaires sahariennes ou de l'essor des régions du Tell et des Hauts Plateaux, de l'exécution dans le nord comme dans le sud, d'importants travaux publics, il est incontestable que le nouveau régime de décentralisation a provoqué d'heureuses initiatives et des solutions fécondes. Maîtresse des finances algériennes, l'assemblée des Délégations s'est attachée d'abord à assurer la sincérité et la solidité du budget spécial. Elle y a eu quelque mérite, car notre budget à ses débuts n'a pas été exempt d'épreuves. Il a subi le dégrèvement de la taxe des sucres et celui de la taxe d'affranchissement des lettres au moment même où il assumait la lourde charge de l'application des lois nouvelles votées par le Parlement, telles que la loi Simyan relevant les traitements du personnel de l'enseignement primaire, et la loi qui a supprimé l'enseignement congréganiste.

Les Délégations ont réussi néanmoins à imprimer aux services productifs de la colonie une impulsion sans précédent. Après une longue période de stagnation budgétaire, nous avons eu la bonne fortune de voir en six ans augmenter de près de huit millions la dotation des travaux publics, des forêts, des postes et télégraphes et de l'instruction publique. Sans parler des avantages nouveaux accordés aux instituteurs et aux institutrices et qui représentent une augmentation de dépense annuelle d'un million environ, nous nous sommes trouvés en mesure d'améliorer la situation du petit personnel de divers services, celui des forêts, des douanes et des postes et télégraphes.

En même temps, le budget ordinaire a pourvu aux annuités de l'emprunt de cinquante millions contracté en 1902 et depuis 1901 les excédents de notre caisse de réserve se sont élevés à plus de 40 millions.

L'Impot sur le Tabac

Le budget spécial a donc fait ses preuves. Cependant la répercussion du dégrèvement des sucres, de la détaxe postale et de l'application onéreuse de plusieurs lois votées par le Parlement, ne pouvait manquer de se faire sentir; notre budget restait en état de satisfaire à toutes les exigences du présent, mais force lui était de s'interdire de grandes vues d'avenir. Ce n'est pas avec un budget anémié, en effet, qu'il eût été sage d'entreprendre la réforme de l'exploitation de nos lignes ferrées et l'accomplissement d'un important programme de travaux publics.

Etait-il possible pourtant de renoncer à ces entreprises au risque de méconnaître les besoins les plus urgents de l'Algérie et, par un excès de prudence, de compromettre les destinées mêmes de la colonisation?

Cette idée ne pouvait nous venir à l'esprit. Il fallait donc rendre au budget assez d'aisance et d'élasticité pour lui permetre de réaliser le vigoureux effort indispensable à l'épanouissement des forces économiques du pays. Voilà pourquoi nous avons demandé aux Assemblées algériennes de voter l'impôt des tabacs.

C'est le seul impôt nouveau qu'elles aient eu à voter depuis 1901 et ceux qui leur en font grief oublient de dire qu'il n'a été qu'une taxe de remplacement, compensant en partie seulement les dégrèvements précédemment consentis par les Délégations. Ils ne devraient pas perdre de vue non plus que si depuis 1901 le budget algérien n'avait été détaché du budget métropolitain, il est peu croyable que les contribuables de ce pays auraient été particulièrement privilégiés et que le Parlement, à la recherche de ressources nouvelles, se serait abstenu d'exiger d'eux un concours plus large aux dépenses nationales. (*Très bien*).

Est-il vraiment un esprit sensé qui puisse se faire cette illusion que l'Algérie sollicitant une amélioration marquée des transports et l'exécution de nouvelles routes, de nouvelles voies ferrées, de travaux maritimes, hydrauliques et forestiers, aurait obtenu des Chambres les crédits considérables que de tels desseins nécessitent, sans que le moindre sacrifice fût demandé aux contribuables algériens ? Dès 1891, Burdeau proclamait qu'à de nouvelles dépenses algériennes devaient corespondre désormais de nouvelles ressources algériennes. L'idée a fait son chemin d'un pas accéléré depuis. Rendons cet hommage au budget spécial qu'il en a judicieusement modéré l'allure et ne nous a valu qu'un impôt nouveau dont le produit n'atteint même pas le montant des dégrèvements opérés. La Métropole aux prises avec les sollicitations incessantes de la plus généreuse et de la plus dépensière des démocraties, n'aurait probablement pas gardé vis-à-vis de la Colonie la même mesure. Les assemblées locales, croyez en l'expérience d'un vieux parlementaire, apporteront toujours plus de ménagement et de discernement que le pouvoir central dans l'étude et le choix des impositions nouvelles.

Ne savez-vous pas que la partie délicate et difficile de ma tâche s'accomplit à Paris et non en Algérie, qu'il me faut lutter sans cesse contre les appétits de certaines administrations métropolitaines qui voudraient prématurément obtenir de la colonie une participation financière plus étendue ?

L'impôt des tabacs, Messieurs, atteste que vous ne reculez pas devant les sacrifices nécessaires. Ce témoignage de bonne volonté doit vous préserver contre de nouvelles exigences du fisc, car dans un pays neuf où il y a peu de richesse acquise, où le sort de nombreux colons reste précaire, on ne peut sans danger parler trop souvent d'impôt nouveau. Soyez rassurés; de mon propre mouvement je ne vous en parlerai plus. L'impôt des tabacs, si bienveillante qu'ait été son application et si modéré qu'il soit, procure à notre budget une assiette suffisante pour que nous remplissions, sans rien ajouter aux charges des contribuables, toutes les promesses du programme que les Assemblées algériennes ont bien voulu ratifier.

PROGRAMME DES NOUVEAUX TRAVAUX PUBLICS

Ce programme est le plus vaste que l'Algérie ait jamais entrevu. Il prévoit une dépense de plus de deux cents millions à laquelle pourvoiront les ressources de l'emprunt et de la caisse de réserve. La contribution du fonds de réserve sera assurée par les excédents qui, suivant une progression constante, se manifestent dans les recettes budgétaires. Quant à l'opération de l'emprunt, elle apparaît comme un acte de sage et prévoyante administration du moment où le budget ordinaire peut aisément satisfaire au service de l'intérêt et de l'amortissement; or, les Chambres comme le Gouvernement se sont plu à reconnaître dès la première heure que le gage du futur emprunt était sûr, à l'abri de toute contestation sérieuse.

Le programme des travaux que nous allons entreprendre, vous le connaissez. Il a donné lieu à des études et à des discussions qui l'ont vulgarisé. Nous n'avions que l'embarras du choix, quand nous avons dressé la liste des travaux qui s'imposaient à nos préférences. Le mouvement de la colonisation est si accentué, ses besoins si étendus, que mes prédécesseurs avaient mis à l'étude de nombreux projets auxquels ils pensaient toujours, mais dont ils ne parlaient jamais, impuissants à se procurer l'argent nécessaire à leur exécution. Qu'on ne dise donc pas que notre programme est le résultat d'une improvisation hâtive; il dormait dans les cartons; des circonstances favorables nous ont permis de sonner le réveil.

Les Délégations se sont appliquées à répartir aussi équitablement que possible entre les trois départements les ressources qui vont être consacrées aux travaux extraordinaires. Cependant, dans les trois départements, j'ai recueilli les mêmes doléances ; dans chacun d'eux, quelques personnes déclarent que les deux autres départements ont été favorisés; le reproche ne résiste pas à l'évidence des chiffres; il ne doit pas nous arrêter, s'il est vrai qu'il ne procède que d'un calcul électoral ou d'une ignorance trop prolongée des délibérations des assemblées. (*Très bien*).

Le département de Constantine verra prochainement commencer la construction des nouvelles lignes ferrées de Constantine à Djidjelli, d'Aïn-Beïda à Morsott et Tébessa et ensuite sera entreprise la ligne de Philippeville à Gastu et Guelma. Le projet de la ligne de pénétration Biskra à Touggourt, avec prolongement éventuel sur Ouargla vient d'être approuvé par le Conseil général des ponts et chaussées. (*Très bien*). J'ajoute que la Colonie, après la reprise prochaine du réseau de l'Est-algérien, non seulement ne s'opposera pas à l'exécution, par les soins du département, de la ligne Bougie à Sétif, mais s'empressera de la subventionner.

Telles sont les créations projetées. D'un autre côté, les lignes existantes vont bénéficier de sérieuses améliorations. Une somme de 6,190,000 francs sera consacrée à l'augmentation du matériel roulant sur le réseau de l'Est-algérien; onze millions au renforcement de la voie d'Alger à Constantine; et sept millions à la transformation de la ligne de Sonk-Ahras à Tébessa.

Pour les routes et chemins, une somme de 10,820,880 francs vous est attribuée sur les fonds d'emprunt; pour les travaux maritimes, une somme de 4,967,000 francs; pour les travaux de colonisation proprement dits, 5,051,145 francs.

Pour vos forêts : 3,490,630 francs.

La dotation de votre département pour les travaux hydrauliques, prélevée en partie sur les disponibilités existantes du premier emprunt de 1902, atteindra près de sept millions. Je ne m'étendrai pas sur les travaux de dessèchement, d'assainissement ou d'irrigation dont la réalisation est prévue; vous les sollicitez depuis longtemps; vous avez eu une large part dans l'établissement de cette partie du programme; mais j'ai à cœur de vous répéter que mon attention est de plus en plus portée vers les travaux qui doivent profiter à l'hygiène et à la santé publique en même temps qu'à la vitalité économique du pays..

D'importantes améliorations vont être apportées, en outre, à quelques-uns de vos hôpitaux, et un nouveau câble va unir le département de Constantine à la France avec atterrissement à Philippeville.

Pour être complet, je devrais ajouter à cette énumération un ensemble de travaux intéressant au même degré l'avenir de la colonisation et que les Délégations ont projeté d'exécuter au moyen des disponibilités du fonds de réserve.

Vous ne trouverez pas nos conceptions trop hardies si l'exécution est prudente; elle s'échelonnera sur une période d'une douzaine d'années environ.

L'Essor de l'Algérie

Pour nous taxer de témérité, il faudrait fermer les yeux au spectacle réconfortant que nous offre dans toutes les parties de l'Algérie, l'effort économique et persévérant des colons, et fermer les oreilles aux justes doléances des anciens centres ou des agglomérations naissantes qui réclament plus d'eau, plus de routes, plus de voies ferrées. Partout la colonisation pénètre et fait jaillir du sol des ressources nouvelles.

Donnez-lui l'outillage qui lui manque, le génie français fera des merveilles. Les colons font trop bien leur devoir pour que l'Etat ne fasse pas le sien. Son devoir est de provoquer, de seconder, de féconder les initiatives; il ne doit pas se laisser remorquer par elles, il doit leur aplanir les difficultés de la route et marcher toujours vers le progrès (*Applaudissements*).

Est-ce que la confiance invincible que je garde dans les destinées de la colonie, en dépit des épreuves qui sont venues l'assaillir, m'entraîne à une appréciation exagérée de ses ressources et de ses chances d'avenir ? Non, Messieurs, car depuis 30 ans que je connais ce pays, je le parcours, je regarde et je compare et je suis d'accord avec tous ceux qui ont été les témoins de l'épanouissement de son agriculture et de son commerce pour proclamer que la France a donné ici un admirable exemple et écrit peut-être les plus belles pages de l'histoire coloniale du monde.

Rien n'est plus convaincant que les chiffres. Je vais donner des chiffres. En 1831, le commerce général de l'Algérie n'atteignait pas 8 millions. En 1860, il s'élevait à 237,687,000 francs. En 1880, à 426,326,000 francs. En 1900, à 556,559,006 francs. En 1907, il atteint 820 millions, soit 92 millions de plus que pendant les plus favorisées des années antérieures. Dans ce total, les importations représentent 461 millions et les exportations 359 millions ; par rapport aux constatations correspondantes de l'année 1906, les exportations présentent une augmentation de 55,813,000 francs. Ces chiffres se passent de commentaires. Ils traduisent éloquemment les brillants résultats de l'activité algérienne sans cesse accrue.

Remontons seulement à dix ans pour les recettes de chemins de fer. En 1896, année où toutes les lignes actuelles d'intérêt général, sauf celle d'Aïn-Sefra à Béchar, étaient ouvertes au trafic, les recettes pour l'ensemble de ces lignes étaient exactement de 23,260,000 fr. En 1906, elles atteignaient 38,700,000 fr. ; en 1907, elles ont grossi encore et ont dépassé quarante millions, accusant en dix ans une augmentation de plus de 72 pour cent. Fait d'autant plus remarquable que depuis 18 mois l'unification des tarifs de petite vitesse, c'est-à-dire des tarifs qui intéressent plus particulièrement le commerce, a été successivement réalisée sur les réseaux algériens, à l'exception du réseau de l'est, se traduisant par un bénéfice pour le public, d'environ onze cent mille francs.

Les statistiques qui décomposent la fortune de la colonie et font ressortir les différents phénomènes de son évolution, aboutissent à cette heureuse constatation que progressivement le danger de la monoculture s'évanouit : à côté de la production des vins, celle des céréales et du bétail prend dans nos exportations une importance plus considérable, et les productions secondaires du liège, des peaux, de l'alfa, du crin végétal, de l'huile d'olive, des figues sèches et surtout des primeurs occupent d'année en année une place plus large dans le mouvement des échanges. D'autre part, l'exportation des minerais et des phosphates devient une de nos meilleures espérances.

En même temps que s'accuse la vitalité algérienne, les problèmes de la colonisation s'éclairent et se précisent. Les expériences du passé ont peu à peu dégagé les solutions nécessaires. Nous ne marchons plus à tâtons; nous allons vers un but clairement défini.

C'est ainsi que nos procédés de peuplement offrent plus de variété et de sûreté, avec l'extension des enquêtes partielles qu'il faudra simplifier encore, et une combinaison de la concession gratuite et de la vente à bureau ouvert qui dans ce département notamment a fait brillamment ses preuves.

C'est ainsi que nous pouvons envisager avec plus d'assurance, de netteté et de méthode la question des transports, capitale en Algérie.

L'Exploitation des Chemins de Fer Algériens

N'étaient la diversité et l'importance des affaires algériennes qui toutes réclament de moi le même effort soutenu, je dirais volontiers que la question des chemins de fer a été dans ce pays ma préoccupation maîtresse. La voie ferrée est, sans contredit, l'instrument de colonisation par excellence ; or, combien notre régime de transports est loin de répondre aux nécessités économiques de la colonie ! La plupart des lignes existantes, dans la pensée des constructeurs, ne devaient satisfaire qu'à l'intérêt stratégique. Puis il semble bien que durant de trop longues années, le pouvoir central n'ait eu d'autre souci que de ne pas laisser s'accroître les charges de la garantie d'intérêt des chemins algériens. Cependant l'expérience démontre que dans les pays neufs la politique la plus économe n'est pas souvent la plus prévoyante et que de même que le colon défriche et sème et dépense pour récolter, l'Etat doit consentir à propos de sérieux sacrifices pour mettre en valeur les richesses latentes qu'une gestion trop parcimonieuse laisse inexploitées. L'exécution de travaux publics bien préparée et bien conduite ne grève que momentanément le budget de l'Etat ; c'est généralement un placement à gros intérêts.

Telles sont les raisons qui m'ont déterminé à réclamer le vote de la loi du 24 juillet 1904 qui a fait remise à l'Algérie de ses lignes ferrées dans des conditions que tout le monde s'accorde à reconnaître comme particulièrement avantageuses pour la colonie. En reprenant l'administration des lignes ferrées, j'étais résolu à ne pas me laisser hypnotiser par la crainte d'une surélévation de la garantie d'intérêts, certain que je retrouverais largement dans le rapide essor de la production et du commerce algériens, la compensation des sacrifices nouveaux qu'exigerait une exploitation plus harmonique et plus hardie.

L'événement ne peut que me confirmer dans mes résolutions. J'ai indiqué déjà que l'unification des tarifs de petite vitesse réalisée par mon administration sur l'ensemble des réseaux, à l'exception du réseau de l'Est-algérien, n'avait pas entraîné un fléchissement de recettes ; qu'au contraire, les recettes des chemins de fer en 1906 avaient accusé une plus-value de quatre millions sur l'année 1905, et en 1907 une nouvelle plus-value de 1,600,000 francs sur l'année 1906.

Après la révision des tarifs de petite vitesse, nous allons aborder celle des tarifs de grande vitesse.

Dans quelques semaines, Messieurs, le réseau de l'Est-algérien sera remis entre nos mains. Les opérations préliminaires de la reprise sont nécessairement assez longues ; je désirais, d'ailleurs, avant d'instituer la régie d'Etat, attendre que la compagnie eût complètement terminé les travaux de réparation que les intempéries du dernier hiver lui ont imposés sur de nombreux points.

Ce n'est pas à des vues abstraites, théoriques, que j'ai cédé en poursuivant le rachat des lignes de l'Est-algérien, et en assumant la responsabilité redoutable de l'exploitation directe. J'ai été acculé au rachat, le jour où la compagnie m'a déclaré qu'elle se refusait à toute amélioration si on ne modifiait pas ses conventions, et où j'ai acquis la conviction que de nouvelles conventions laisseraient en définitive à la charge de la colonie les nouvelles dépenses et les aléas de l'exploitation. Je ne pouvais maintenir le statu quo. J'avais le devoir de placer les populations desservies par les lignes de l'est dans des conditions économiques semblables à celles dont bénéficient les populations desservies par les chemins de fer de l'ouest d'Alger.

Le premier acte de la régie sera de réaliser sur le réseau la réforme des tarifs de la petite vitesse. La compagnie évaluait de 11 à 12,000,000 de francs la perte de recettes que la révision des tarifs devait causer et par conséquent le dégrèvement dont profiteraient les producteurs. Cette évaluation me paraît exagérée, mais il est évident que la substitution d'une tarification réduite à la tarification élevée de l'Est-algérien n'ira pas sans de sérieux sacrifices pour le budget de la colonie. Le transport de la tonne de céréales de Sétif à Constantine, à Bougie ou à Alger qui coûte aujourd'hui 15 fr. 60, 22 fr. 60 ou 24 francs, coûtera désormais 12 fr. 35, 16 fr. 55 ou 21 fr. 50, soit une réduction de 4 à 26 %. Un wagon de bœufs ou de mulets amené de Sétif au marché du Kroub, ne coûtera plus que 26 francs au lieu de 49 fr. 50 et un wagon de moutons que 26 francs au lieu de 40 francs.

Mais les plus fortes réductions ne sont pas celles dont bénéficieront les marchandises transportées par wagons complets. Il arrivera même que pour certaines de ces marchandises, aux grandes distances, les anciens tarifs seront plus avantageux que les nouveaux tarifs; il va sans dire que dans ce cas, les anciens tarifs seront maintenus. Mais pour les marchandises transportées par petites quantités au détail, le dégrèvement sera général et très sensible. Ainsi pour ne vous citer que cet exemple, 1,000 kilogrammes de café sont actuellement taxés au prix de 47 fr. 80 pour le transport de Constantine à Biskra; cette taxe sera abaissée à 32 fr. 70; la réduction sera dans ce cas de 31 %. Pour d'autres marchandises, la réduction atteindra et dépassera 50 %.

Cette réforme des tarifs, nous allons la réaliser sans attendre que le matériel roulant que nous avons commandé soit livré. Il pourra en résulter quelques à-coups. Ce n'est pas impunément que l'on ouvre largement les écluses — que la compagnie de l'Est-algérien n'avait fait guère qu'entr'ouvrir — par où doit s'écouler cet immense trafic de céréales, de produits de toutes sortes que colons et indigènes s'efforcent à l'envi de faire jaillir du sol éternellement fécond de vos hauts-plateaux.

L'Est-algérien a connu les crises de transport; il ne faudrait pas vous étonner si une bonne récolte coïncidant avec la poussée d'activité que tout abaissement de tarif détermine, les moyens dont disposera au début la nouvelle administration du réseau étaient insuffisants; il vous faudra faire crédit à la bonne volonté de ceux qui, dans des moments parfois difficiles, assument la lourde tâche d'assurer un service de transports.

Vous n'ignorez pas que des délais très longs sont actuellement réclamés par les usines métallurgiques pour l'exécution des commandes de matériel. Aussi n'ai-je pas hésité, dès le mois de septembre dernier, avant même que le projet d'emprunt fut porté devant les Chambres, confiant dans la bienveillance du Parlement, à faire les commandes de matériel indispensables à la marche régulière des services. La gêne qui risque de se produire dans l'exploitation des lignes de l'Est au commencement de l'été prochain ne sera donc que momentanée.

Le renforcement de la voie — pour lequel un crédit important est prévu au budget d'emprunt — permettra de faire circuler sur le profil accidenté de la ligne, des machines plus lourdes et par conséquent plus puissantes et plus rapides. En attendant, la nouvelle administration s'efforcera d'assurer à l'homme d'affaires et au touriste, plus de commodité et de confortable. L'adjonction d'un wagon restaurant aux trains de grands parcours est une amélioration universellement réclamée qui rompra heureusement la monotonie du voyage. Puis viendront, dès que le matériel suffisant aura pu être livré, les créations de trains indispensables, telles que la transformation en trains quotidiens des trains tri-hebdomadaires de nuit. (*Applaudissements*).

L'amélioration de l'exploitation des lignes existantes et la construction de nouvelles lignes figurent au premier plan dans le programme des assemblées algériennes.

L'Exploitation des Forêts

La protection et l'exploitation de nos massifs forestiers y occupent une place également importante.

Les progrès réalisés depuis l'institution du budget spécial dans cet ordre d'idées sont considérables. Cent soixante-seize nouveaux logements de préposés ont été construits ; le réseau des tranchées de protection destinées à assurer la défense des massifs de chênes-liège contre le feu a été activement poursuivi ; 1,600 kilomètres environ de tranchées de 10 à 30 mètres de largeur ont été exécutés; en même temps, dans les forêts d'autres essences, plus de 3,000 kilomètres de chemins ont été ouverts.

Les recettes en argent des forêts qui étaient de 354,000 francs en 1890 et de 1.800,000 francs en 1900, s'élèvent en 1907 à près de cinq millions.

Nos forêts rapportent et elles ne brûlent plus. L'incendie coûtait généralement plusieurs millions par an à la colonie. Grâce à un ensemble de mesures que les chefs de service, dans cette province notamment, ont appliquées avec un inlassable dévouement, les pertes annuelles depuis trois ans ont été relativement minimes ; l'expérience est faite ; il est permis de dire qu'à force de vigilance, l'arbre peut être défendu, sauvé dans ce pays où, plus qu'ailleurs, il mérite le culte que nous lui avons voué. Chaque arbre qui disparaît ici, n'est-ce pas une parcelle de prospérité définitivement anéantie ?

Développement de l'Enseignement public

Je voudrais m'étendre encore sur l'œuvre de ces dernières années à laquelle la plupart d'entre vous ont si activement collaboré. Je craindrais d'abuser de votre bienveillante attention. J'ai le devoir d'ajouter pourtant que les Délégations financières n'ont pas eu seulement le souci d'assurer le développement matériel de la Colonie ; elles se sont non moins résolument attachées à son développement moral et intellectuel. L'école est le plus puissant agent de rapprochement et d'assimilation.

Nous multiplions les écoles. Une enquête qui ne date que de quelques années nous a révélé que plus de 20,000 enfants d'âge scolaire ne trouvaient pas place dans nos classes ; les Délégations ont eu à cœur après avoir considérablement accru les crédits ordinaires de l'enseignement primaire, de consacrer nos premières disponibilités, les premiers excédents du fonds de réserve, près de 4 millions, à la construction de 379 classes nouvelles. Les dépenses du personnel n'ont cessé de progresser, et dans leur dernière session, les Assemblées algériennes viennent de décider la création de 25 écoles primaires supérieures à la construction desquelles le budget colonial participera dans la proportion de 80 pour cent.

Ajoutez que tout à l'heure, les écoles supérieures d'Alger, mieux adaptées encore aux besoins de la colonisation, transformées en Université, foyer rayonnant de lumière et de progrès, propageront à travers le continent africain l'influence et le prestige du génie national. (*Très bien*).

La Politique indigène

Au milieu de tant de préoccupations diverses, Messieurs, avons-nous perdu de vue les devoirs qu'impose à la plus généreuse des nations la tutelle de plusieurs millions de sujets musulmans? Que dans l'épanouissement des œuvres françaises, des conflits d'intérêts et queques récriminations s'élèvent entre les nouveaux occupants et les anciens maîtres du sol, c'est l'inévitable sort des entreprises de colonisation. Mais si notre expansion ne saurait échapper aux communes difficultés que rencontrent tous les peuples colonisateurs, nous pouvons hautement proclamer que nous avons à cœur d'en poursuivre le règlement dans un large esprit de bienveillance et de justice. Notre politique indigène, humaine et tolérante, sans cesser d'être ferme, n'a plus besoin d'être défendue ; elle a fait ses preuves. Notre manière n'est pas le refoulement brutal des vaincus que d'autres peuples ont pratiqué ailleurs. Nous tentons d'associer les intérêts et les cœurs. La population indigène s'accroît notablement. Elle s'enrichit; sur différents points du territoire, elle intervient activement dans les transactions immobilières, achète des terres, les met en valeur suivant les meilleurs procédés de culture.

Je veux bien que les acquisitions multipliées par les indigènes dans ces dernières années n'alarment pas l'opinion française, mais elles méritent de retenir son attention comme la nôtre. Les faits répondent en tous cas victorieusement aux assertions des publicistes insuffisamment informés, dont la tendresse s'égare souvent, et qui vraiment ne tiennent pas assez compte des épreuves imposées à la vaillance des colons ni des efforts dignes d'encouragements de l'administration algérienne.

Le développement prodigieux des sociétés de prévoyance dont l'actif dépasse aujourd'hui 16 millions; le succès croissant des œuvres d'assistance et d'hygiène auxquelles j'ai consacré intégralement le produit des centimes spéciaux additionnels aux impôts arabes; l'atténuation trop ignorée en France des dispositions du code de l'indigénat dont on parle encore comme d'un instrument redoutable de répression, alors qu'il n'est plus qu'une arme trop émoussée peut être aux mains des agents chargés d'assurer la sécurité algérienne; les encouragements à la culture, à l'élevage indigène, et en définitive tous les actes de notre politique éminemment française ne viennent-ils pas affirmer notre sollicitude et notre constant désir d'améliorer le sort des populations musulmanes et de les rapprocher de nous ?

C'est notre devoir et en même temps notre intérêt de persévérer dans ces desseins. Et je n'ai pas entendu sans quelque surprise au moment où notre projet d'emprunt de 175 millions a été porté devant la Chambre, quelques-uns de mes collègues prétendre que dans la préparation du programme de l'emprunt nous avions trop méconnu les besoins des indigènes et avions fait la part trop belle aux colons.

Les travaux publics que nous projetons, chemins de fer, routes, ports, etc. n'intéressent-ils pas au même degré toutes les catégories de la population algérienne ? (*Applaudissements*). Est-ce que les céréales, les moutons, les bovins et les chevaux, l'huile et les figues que produisent les indigènes, ne vont pas, au même titre que les produits de l'activité européenne, bénéficier grandement des nouvelles facilités de communication et de transport que les ressources de l'emprunt assureront à la Colonie ? Aussi bien, dans les assemblées, les délégués indigènes n'ont pas été les moins empressés à sanctionner les projets de l'administration qui ne manqueront pas de procurer une importante plus-value aux territoires principalement occupés par la population musulmane.

Oui, j'ai le droit de dire qu'aucune de nos décisions ne témoigne de l'esprit d'exclusivisme dont on nous fait trop légèrement grief. En ce qui concerne l'enseignement primaire indigène, ai-je attendu l'invite de la commission des affaires extérieures de la Chambre pour rechercher les moyens d'étendre l'instruction à des effectifs plus nombreux ? Déjà, les Délégations financières par l'organe de leur distingué rapporteur, M. Joly, m'y avaient convié. Dans un rapport que j'adressais au mois de juin de l'année dernière à M. le Ministre de l'instruction publique, après avoir signalé les très louables efforts des assemblées algériennes en vue d'augmenter le nombre des écoles indigènes et l'effectif des élèves musulmans, et d'améliorer sensiblement la situation du personnel enseignant, j'observais que les résultats obtenus, bien que plus satisfaisants depuis 1901, nous paraissaient encore absolument insuffisants et qu'un changement de système s'imposait impérieusement. Notre bonne volonté, ni celle de l'académie, ni même celle des municipalités, en effet, ne sauraient être incriminées : pour être juste, c'est à l'organisation étroite et rigide de l'enseignement indigène qu'il faut s'en prendre, à la réglementation métropolitaine cristallisée dans quelques formules imaginées pour un autre pays et une autre race, nullement appropriées aux habitudes et aux besoins spéciaux de nos sujets musulmans, et par suite venant trop souvent paralyser les meilleures intentions.

Il nous faut, pour étendre notre sphère d'action sur un vaste territoire, des règlements originaux, plus variés, plus souples, mieux adaptés aux mœurs et aux exigences de la vie algérienne ; c'est moins une question d'argent qui se pose qu'une question de programme et de méthode. Les sacrifices que je me propose de solliciter des Délégations, notre budget peut les supporter. Je me suis engagé à leur en faire la demande avec d'autant moins d'hésitation qu'elles ont spontanément appelé à différentes reprises mon attention sur la nécessité de distribuer plus largement l'enseignement aux enfants indigènes. Elles ne refuseront pas, j'en ai le ferme espoir, de nouveaux crédits qui n'ont rien d'excessif, parce qu'il ne s'agit d'ouvrir des écoles que là où existent des groupements relativement importants, où la population scolaire est en quelque sorte saisissable ; elles témoigneront une fois de plus de leur volonté de ne pas laisser se multiplier dans les douars, par un enseignement mal dirigé, les candidats aux fonctions publiques, ni grossir dans les villes le nombre des déracinés. (*Applaudissements*). L'enseignement élémentaire des maîtres doit tendre à un double but : ils doivent enseigner à leurs élèves des idées générales qui les rapprochent de notre civilisation et les mieux armer pour l'existence dans leur milieu et sur leur terre. (*Applaudissements.*)

Non, nous n'oublions pas que notre sollicitude à l'égard de nos sujets algériens est un appoint considérable pour l'œuvre rayonnante de la France sur notre frontière marocaine, dans les régions saharienne, ailleurs encore où nos erreurs, comme nos actes bienfaisants et humains, sont passionnément commentés.

Il est de mode en France, Messieurs, de médire de son temps et de son pays. Les étrangers apportent généralement dans leur jugement sur les œuvres françaises plus de justesse et d'impartialité que les Français eux-mêmes. Les vaillantes initiatives des colons algériens méritent en vérité toutes les sympathies et tous les encouragements. Il faut se garder, par des appréciations injustes, d'affaiblir chez eux le ressort moral qui les a soutenus dans une longue suite d'épreuves. Prenons enfin conscience dans le spectacle sans cesse renouvelé que nous offrent l'admirable et persévérant effort de nos colons, et l'héroïsme de nos soldats, de notre valeur, de notre force, de notre puissance de rayonnement et des ressources merveilleuses du génie français. (*Applaudissements prolongés*).

www.ingramcontent.com/pod-product-compliance
Ingram Content Group UK Ltd.
Pitfield, Milton Keynes, MK11 3LW, UK
UKHW020108100726
13658UKWH00005B/2043